Ulrike Albert
Gerhard Albert

Blickfang Indien

என் பார்வையில் இந்தியா

„Wenn einer alleine träumt, ist es nur ein Traum. Wenn viele gemeinsam träumen, ist das der Anfang einer neuen Wirklichkeit.“

Dom Hélder Pessoa Câmera

Mit diesem Bildband geht für uns ein Traum in Erfüllung. Bereits 2005, während unserer ersten Reise nach Indien/Tamil Nadu, entstand der Gedanke, die vielen Eindrücke dem Betrachter zugänglich zu machen.

Wir sind sehr froh und dankbar, nun das Ergebnis unserer Arbeit in Händen halten zu können.
Unser Dank gilt allen Protagonisten, von denen die meisten wahrscheinlich persönlich niemals erfahren werden, dass sie uns die Kraft und die Motivation für dieses Buch und für unsere Projektarbeit im Verein „Zukunft für Menschen in Südindien e. V." geschenkt haben.
Wir danken aber auch den stillen Helfern an unserer Seite – Übersetzer, Gestalter, Layouter, Lektorin, Ratgeber – für ihre wertvolle Unterstützung.
Mit dieser Publikation können wir etwas davon zurückgeben, was uns die Menschen in Südindien gelehrt haben: Respekt, Glaube, Würde, Liebe.

Vielen Dank – Nandri!

நன்றி

Der Erlös aus dem Verkauf dieses Buches fließt vollständig in die Projektarbeit in Südindien.

IMPRESSUM

Layout: Melanie Rottmann
Text: Ulrike Albert
Fotos: Gerhard Albert, mit Ausnahme des Fotos auf Seite 74
Foto Seite 74: Mit freundlicher Genehmigung von Dr. Hubert Oltsch
Homepage: www.zms-ev.de

ISBN 978-3-00-057760-4
Druck: Verlagsdruckerei Schmidt, Neustadt/Aisch

Inhalt

உள்ளடக்கம்

FOKUS LEBEN

FOKUS MENSCH

Indien

இந்தியா

Das Reich der Träume und der Bollywood-Filme.
Ein Land voller Kultur, dessen Spuren weit
zurückreichen, fremd und verzaubernd.
Ein Land voller Sehnsucht und das Ziel all jener,
die auf der Suche nach Weisheit, Erlösung und Abenteuer sind.
Betörende Gerüche, unbekannte Gewürze,
kunterbunte Farben.
Ein Land wie eine Münze –
zwei Seiten, eine glänzend, eine matt.
Technik und Fortschritt, Armut und
unvorstellbare Not. Lebensfreude und
Feste, Ausbeutung und Lebensgefahr –
nur wenige Meter voneinander entfernt. Kontraste, die
fassungslos machen. Mentalität, die begeistert.
Und mitten drin ein Photograph, der alles einzufangen versucht.
Eine Hingabe der Faszination.
Unterwegs auf Trampelpfaden statt Touristenrouten.

3.5
[12834]
ISO 400

FOKUS LEBEN

வாழ்க்கை - ஓர் பார்வை

Einkaufen in einer Stadt mit 200.000 Einwohnern im Süden Indiens. Läden mit bunten Auslagen, Säcken voller exotischer Waren und Kisten mit frischen Ernteerträgen reihen sich aneinander. Menschenmengen wälzen sich durch die Straßen, begleitet von ohrenbetäubendem Lärm.
Jeder Tag ist Markttag. Was dem westlichen Besucher fehlt, ist die Leuchtreklame, die Entspannung beim Einkaufen, die Hygienestandards, der verkehrsberuhigte Bereich. Als Europäer wird man nachdenklich gestimmt über das eigene Konsumverhalten.
Man kehrt mit staubigen Füßen, dreckigen Fingernägeln und einer Flut an neuen Eindrücken zurück in die kurzlebige, westliche Welt.

Morgendliche Schlange am Straßenkiosk.
Es war die Banane, nicht der Apfel, mit der Eva Adam verführte…
(Indische Legende aus dem 5. Jahrhundert vor Christus)

ISD
LOCAL
13/89-B
உள்ளே...
வெளியே!
ரிப்போர்ட்டர்
TN 74 F 4983
CHAMP

Farbgewaltige Bilder aus dem tristen und grauen Alltag Indiens. Der Preis lockt die Kundschaft, nicht die Präsentation der Waren. Ein minimalistisches Einkaufserlebnis für konsumverwöhnte Besucher aus dem Westen, die sich abseits der Touristenrouten verirren.

Scharfe Früchtchen am Straßenrand und Exportschlager: Chili als Gemüse des Jahres 2015 in Deutschland

Yovi's
First Floor
Shop
Stationery
Cards
Gifts
SRI RAM'S HOT CHIPS
S.A.B.
MOBILES
SAMSUNG
XEROX
JOB TYPING
SPIRAL BINDING
BROWSING
SHANTHI MAHA
TEXTILES & READYMADES

Reges Treiben auf den Einkaufsmeilen.

நகர வாழ்க்கை

Im Westen vergisst man oft im bunten Alltagstrubel die Auszeit.

TN 74
S 9406

மாவீரன்
வழக்கறிஞர்
MA.BL

Das harte Geschäft am Straßenrand prägt ihr Leben. Preiskampf herrscht wie im Westen. Am Straßenrand neben den Ladenzeilen sitzen vor allem Frauen, die versuchen ihre Ernte zu verkaufen.
Die Menschenströme stolpern über sie hinweg. Dennoch: Sie säßen nicht dort, würde es ihnen nicht doch ein wenig helfen, ihren Lebensunterhalt zu bestreiten.

Verkauf ohne Werbekampagnen, aber mit 100% biologisch-abbaubarer Verpackung.

Manche tragen ihre Last auf den Schultern.
Andere auf dem Kopf.

Ihr Traum von den eigenen vier Wänden hat sich erfüllt.

Wie wohnen Menschen in Südindien?
Diese Frage ist genauso schwer zu beantworten wie zu erklären, wie Menschen in Europa wohnen. Manche Häuser kommen Verschlägen gleich. Ein provisorisches Dach, drei geschlossene Wände, vorne ein türloser Eingang. Viele dieser eigenen vier Wände haben lediglich ein Dach aus Palmblättern. Gebaut sind ihre „Traumhäuser" aus Materialien, welche die Menschen umgeben. Ein erfüllter Traum vom Eigenheim zwischen hochgezimmerten, zweistöckigen Flachbauten, gebaut mit eigener Hände Arbeit. Der eigenfinanzierte Haustraum besitzt nur ein einziges Zimmer.
Die ganze Familie wohnt gemeinsam dort. Europäer würden es als Unterschlupf bezeichnen.
Aber in diesen Hütten wird gewohnt, geschlafen und *gelebt*.

Wichtig ist es, eine Arbeit zu haben, um die Familie ernähren zu können. Wenn Du Arbeit hast, beschwerst Du Dich nicht über Hitze, Lärm oder Gefahren am Arbeitsplatz.
Klimaanlagen, Schutzvorkehrungen, Sicherheitskleidung und Berufsgenossenschaften gibt es nicht. Aber einen monatlichen Lohn. Nur der zählt.

Froh über jedes bisschen Arbeit.
Sein Lebensunterhalt hängt am seidenen Faden.

2011
கர்த்தர் நித்தமும்
உன்னை நடத்தி...
திருப்தியாக்குவார்.

Er schuftet für unsere Fußabtreter.

Moderne Einbauküche. Voll ausgestattet, inklusive zwei Herdplatten. Pflegeleicht und funktionsgerecht.

Inventar gibt es wenig in den Traumhäusern. Betten findet man meistens keine. Es wird auf ausrollbaren Strohmatten geschlafen. Kleiderschränke gibt es nicht – eine Leine ist gespannt. Darüber werden die Kleider geworfen. Nach Teppichen sucht man lange.

Der Boden besteht aus Beton oder gestampftem Lehm. Den kann man gut mit dem Reisigbesen sauber halten.

Die Küche hat keine Schränke. Es gibt eine Arbeitsfläche aus Beton. Darauf und darum werden alle Habseligkeiten drapiert. Gekocht wird normalerweise auf einer Feuerstelle vor oder hinter dem Haus.

Toiletten gibt es nicht. Fließend Wasser ist ein nicht vorhandener Luxus. Zapfstellen, verteilt in den Dörfern, dienen den Frauen mit bunten Krügen aus Plastik zum Wasserholen.

Es ist ein minimalistischer Lebensstil, der auf Europäer bedrückend wirken mag.

Selbst ist der Mann.
Das Bügelbrett als Männerdomäne.

Lebensstandard statt moderne Objektkunst.

Eine Schulpflicht gibt es, doch viele Kinder werden von dieser Pflicht „entbunden“, um für die Familie zu arbeiten. Uniform, Schulbus und Bücher kosten zudem Geld, das viele Eltern nicht haben – für ihre Töchter schon gar nicht. In den Schulen selbst sind die Lehrer oft schlecht ausgebildet. Privatschulen haben höhere Standards, doch um den Kindern den Besuch einer solchen Schule zu ermöglichen, muss selbst die indische Mittelschicht sparen.
Das ausgelassene Kinderlachen auf dem Pausenhof wird getrübt vom Knurren leerer Mägen. Ohne Frühstück zur Schule zu gehen ist keine Seltenheit. Abhilfe sollen Schulküchen schaffen.
Jede europäische Mensa ist ein Schlaraffenland dagegen. Ein Gericht, keine Vielfalt an Menüs. Ein Essen in Indien bedeutet bereits Existenz und Lebenserhalt – ein Motivationsgrund mehr, die Kinder in die Schule zu schicken.

Spieglein, Spieglein an der Wand – Wo ist die Gerechtigkeit in diesem Land?

Wer hat die größte Schale?
Wer hat den größten Hunger?

Fußballträume.
Vom Schulhof
auf den Platz.

Die Transportmittel sind vielfältig: Mit zwei Beinen, vier Beinen. Oder zwei, drei oder vier Rädern. Eines haben sie alle gemeinsam: Beladen wird bis zur Obergrenze und darüber hinaus. Mopeds werden zu Familienkutschen für Eltern und Kinder, Elefanten stehen zwischen großen Lastwagen und einem Gespann mit zwei Ochsen im Stau. Der Europäer hat nur eine Chance, im scheinbaren Fahrzeugchaos nicht unterzugehen: *Straßenmäuse.*

Sich eines der dreirädrigen Gefährte samt kundigem Fahrer zu schnappen, erweist sich als guter Ratschlag. Aber auch bei den winzigen Taxis gilt das Tetris-Prinzip in Indien. Vor einer Schule sehen wir neun kleine Mädchen aus einem „Mäuschen" klettern, samt Büchertaschen.

Leben auf engstem Raum – typisch Indien!

Taxi gefällig?
Ein typisches
„Straßenmäuschen“.

Ein Drahtesel zum Lastentransport. Balanceakt auf zwei Rädern.

TH·BRISTO
TN74
K5352

SYRIAN CHURCH

3.5
[12834]
ISO 400

FOKUS MENSCH

மனிதம் - ஓர் பார்வை

Pommes
und
Cheeseburger
zum
Mitnehmen,
bitte!

குழந்தைகள்

Freies und hemmungsloses Lachen, das steckt an und ist unglaublich ehrlich!
Wo erlebt man so viel Fröhlichkeit? Begegnet man ihr in mit Spielzeug überfüllten Kinderzimmern, bei einer technischen Ausrüstung der Kinder bis unter die Haarwurzel? Nein, man erlebt sie auf staubigen Straßen der kleinen Dörfer am südlichsten Zipfel Indiens. Kindertrauben versammeln sich um westliche Besucher herum. Nicht um zu betteln. Sie möchten die weiße Haut berühren und bestaunen, die Namen wissen.
Passiert etwas Außergewöhnliches im Ort, kommen sie aus allen Ecken und Enden des Dorfes zusammengelaufen: die Kinder.
Sie sind fröhlich, von Grund auf. Sie strahlen Zufriedenheit und große Freude aus. Sie lächeln und lachen voller Natürlichkeit. Nichts wirkt gekünstelt. Auch nicht die strahlenden Augen für ein Foto. Sie sind so ursprünglich, ohne Vorurteile und Hintergedanken – sie sind die Kinder und die Zukunft Indiens. Woher nehmen sie diese Freude und das viele Lachen?

8/213

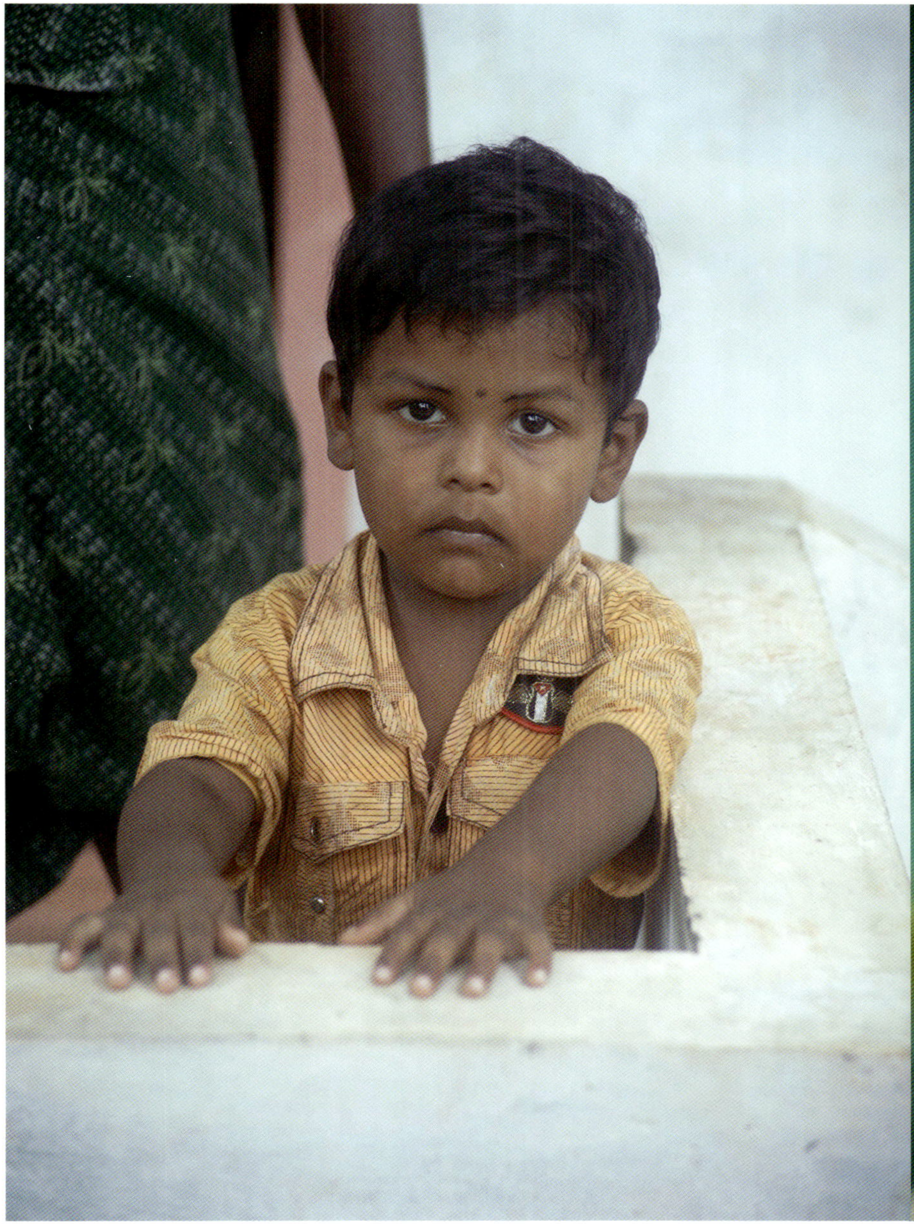

குழந்தைகள்

Strahlende Kinderaugen und winkende Hände.
Kleines Kinderglück.

Nicht alle Kinder haben die Freiheit, draußen mit ihren Freunden zu spielen, frech in die Kamera zu winken und mit einem alten, roten Rad über die sandigen Wege zu kurven. Perspektivlosigkeit und absolute Armut drängen viele Familien dazu, ihre Kinder zur Arbeit zu schicken. In Steinbrüchen, Teppichknüpfereien und auf Müllhalden arbeiten die Kinder wie Erwachsene – für einen Lohn, der weder zum Leben noch zum Sterben reicht. Ein Monatsgehalt von umgerechnet gerade einmal zwei Brötchen für zwölf Stunden Arbeit am Tag unter unmenschlichen Bedingungen. Die Frage, die mit bitterem Beigeschmack zurückbleibt: Wie viel Leid erträgt ein Kind? Wie viel Kindheit bleibt ihm überhaupt noch?

Die Kinder spielen auf dem Boden,
auf dem andere schlafen.

குழந்தைகள்

S.A.ராஜா
சாது

Siegerpose

Wovon träumen sie? Von einer Perspektive für die Zukunft?

குழந்தைகள்

Mädchen landen oft auf dem Müll. Abgetrieben oder entsorgt, weil ihre Brüder die Stammhalter sind. Männern wird in der indischen Gesellschaft noch immer ein höherer Stellenwert als Frauen eingeräumt. Mädchen gelten als unnütze Last für die Familie. Sie müssen später teuer verheiratet werden, können weniger schwere Arbeit verrichten. Ein Ausweg für die Eltern von Töchtern: sie an „Menschenfänger“ zu verkaufen. Mit lukrativen 3-Jahresverträgen ködern die skrupellosen Händler Mädchen und behandeln sie wie Sklavinnen. Dieses Sumangali-Prinzip ist in der indischen Textilindustrie weit verbreitet. Die Folge sind steigende Selbstmordquoten. Die Flucht zurück in eine normale Welt ist aussichtslos. Die Flucht in den Tod greifbar. Übergossen mit Benzin und selbst angezündet oder erhängt in der Baracke, in der sie leben. Hauptsache, dem unzumutbaren Leben ein Ende setzen.

குழந்தைகள்

„Holi“, das Fest der Farben, wird zum Frühlingsanfang gefeiert. Die Menschen werfen mit Farben um sich: Sie bespritzen, besprühen, bemalen sich mit buntem Puder, je knalliger desto besser. Im Farbenrausch sind alle gleich. Hierarchien, Kasten, Alter, Geschlecht spielen keine Rolle mehr. Es entsteht ein Gefühl der grenzenlosen Freiheit. Der Sieg des Frühlings ist zugleich der Sieg über das Böse: Es wird ausgelassen getanzt und gefeiert.

Nicht einmal Karneval ist bei uns so bunt.

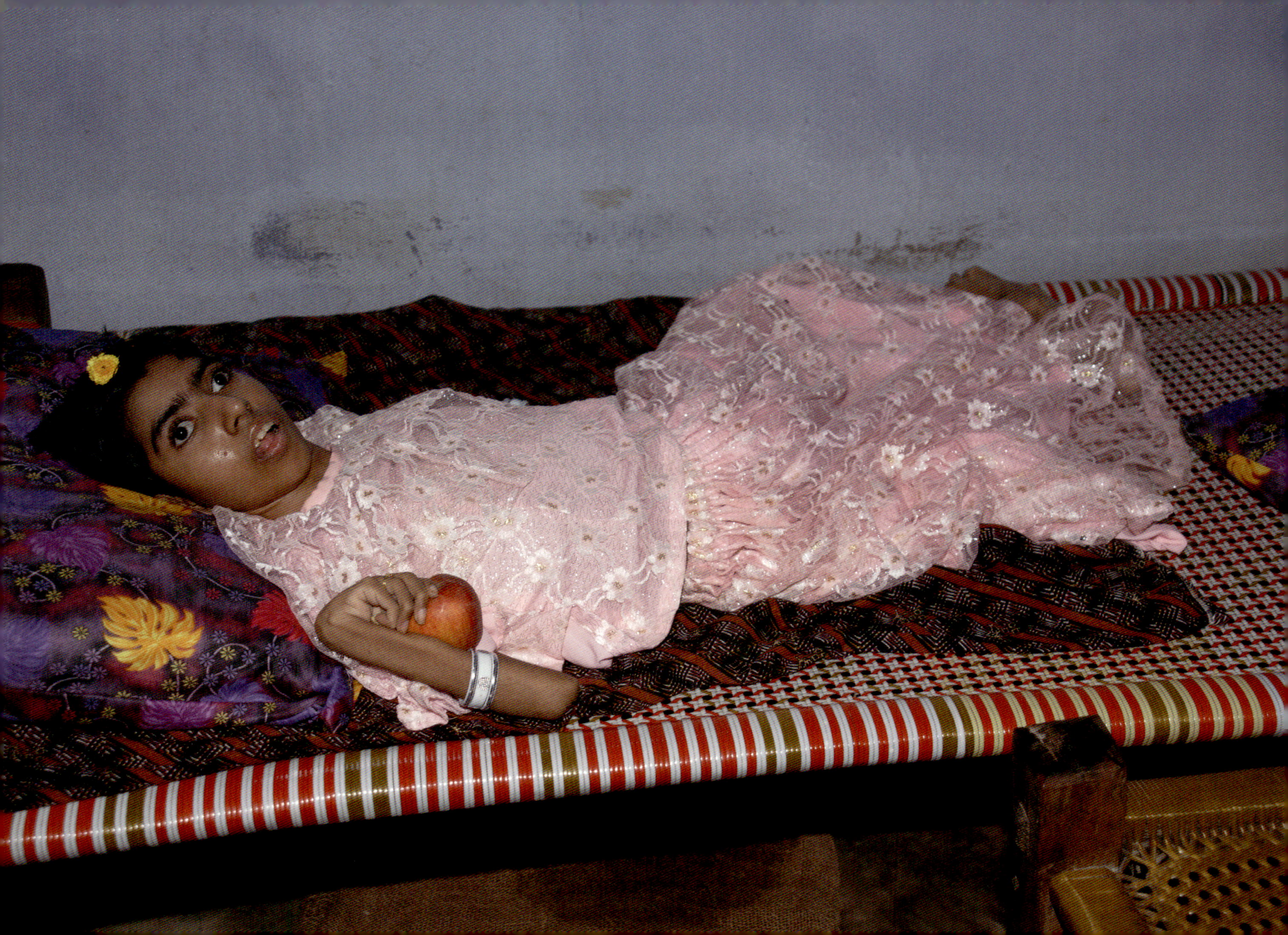

Mamas Prinzessin.

Jeniba, ihre Schwester und ihre Mutter müssen alleine zusehen, wie sie überleben. Der Vater hat sie verlassen. Das Mädchen im rosa Prinzessinnenkleid und ihre Schwester leiden an einer Muskelkrankheit. Sie können nicht laufen, nicht sprechen, kein selbstständiges Leben führen. Aber wenn Besuch kommt, ist das für sie ein Feiertag.
Sie strahlen beide über das ganze Gesicht und, wenn sie könnten, würden sie viel erzählen. Nur kommt niemand.
Sie werden versteckt vor den Augen der Öffentlichkeit.
Die Mutter hat es schwer. Vom Mann verlassen muss sie sich alleine um zwei behinderte Töchter kümmern. Unterstützung kann sie nicht erwarten. Niemand geht in das Haus und hilft. Das indische Kastendenken lässt das nicht zu. Existenzgrundlage sind finanzielle Hilfen aus dem Ausland.

Das zwanzigste Jahrhundert brachte eine höhere Lebenserwartung bei gleichzeitig geringerer Sterberate mit sich. Eins bleibt aber gleich: Kinder als Altersvorsorge – und Mädchen sind ein Draufzahlgeschäft, denn bei einer Heirat muss die Mitgift an die Familie des Mannes gezahlt werden. Sie werden als Dienerinnen erzogen, stehen als erste auf, sind für den Haushalt zuständig. Ein geschiedenes Mädchen gilt als Schande. Heute ist die Familiengröße durch bessere Bildung der Frauen und die Einführung von Verhütungsmitteln stark zurückgegangen. Nach wie vor müssen die Kinder zum Lebensunterhalt der Familie durch Feldarbeit und Arbeit im Haushalt beitragen. Das Bestreben der Eltern, ihren Kindern eine Schulbildung zu ermöglichen, scheitert an den finanziellen Mitteln, und so beginnt ein niemals endender Teufelskreislauf.

SONY
SONY

Skateboard.

Kein Spiel, kein Spaß. Für ihn bitterer Ernst des Alltags. Es gibt dort, wo er lebt, für ihn keine ausreichende medizinische Versorgung.
Auch mobile Pflegedienste oder orthopädische Hilfsgeräte sind rar.

Das Leben sollte ein ständiges Geben und Nehmen sein.
Das Nehmen fällt uns viel leichter.

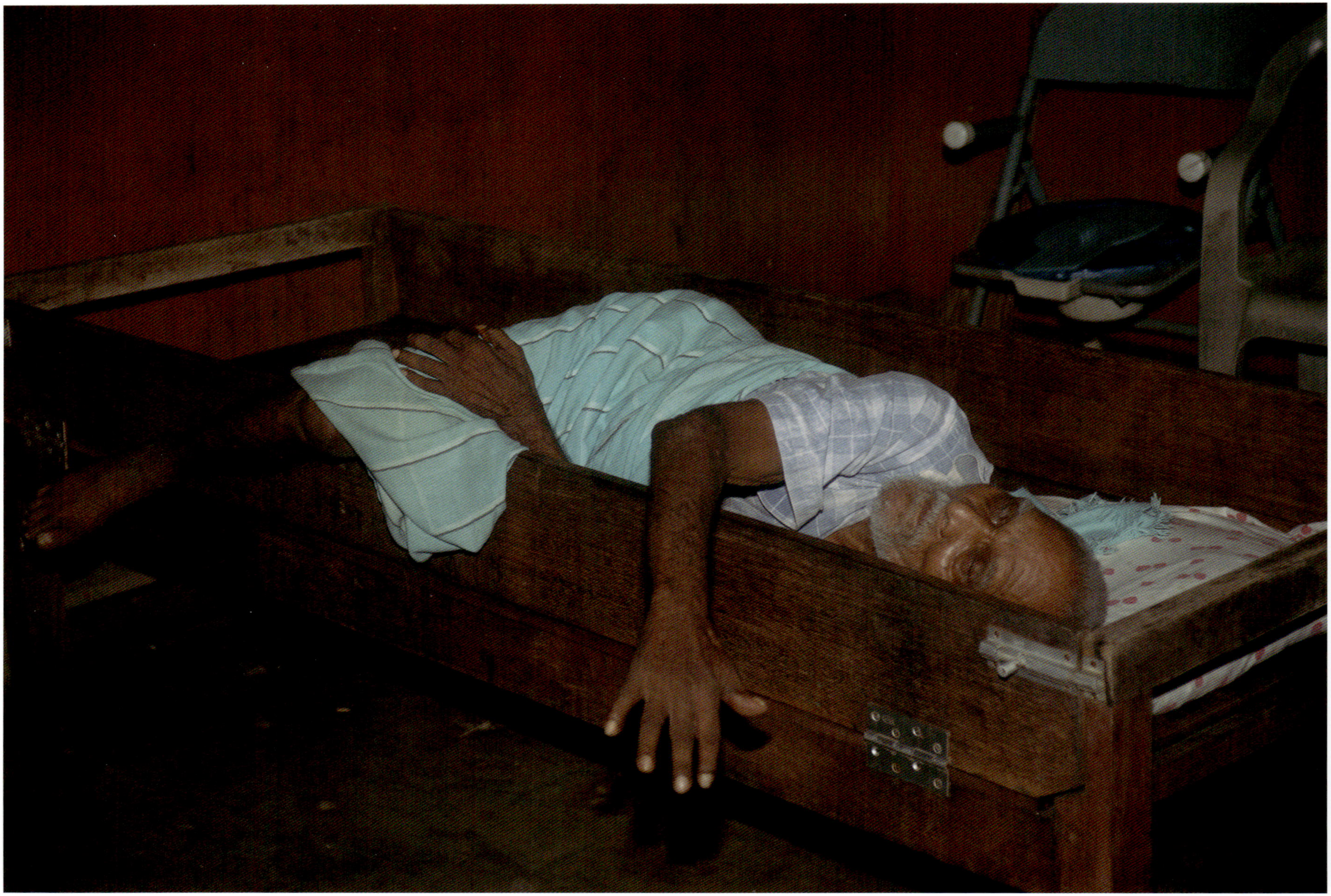

Wer hat Angst um seine Altersvorsorge?

Machen wir die Augen auf. Er kann es nicht.

Eine offene Hand. Aber niemand ist bereit zu geben.

In Nordindien in den Zug gesetzt. In Tamil Nadu aus dem Abteil geworfen. Verwahrlost finden sie in einem Heim für psychisch Kranke ein neues Zuhause – alle zusammen in einem einzigen Raum.

Es gilt als Makel, ein behindertes Kind zu haben. Medizinische Versorgung auf dem Land ist für viele Familien unerschwinglich, Arzt und Arznei müssen bar bezahlt werden. Die Krankenhäuser in den Städten befinden sich in desolatem Zustand. Selbst die Fahrt in die Stadt, wo es Ärzte gäbe, ist eine unüberwindbare, finanzielle Hürde.

Selbstbewusster, als wir es oft sind.

Die Layouterin

வடிவமைப்பாளர்

Indien – die Geburtsstätte der Hälfte des Inhalts meines Kleiderschrankes. Mehr verband mich bis vor kurzem nicht mit dem Land Gandhis. Lieber Mai Tai statt Taj Mahal und deutscher Ordnungssinn statt indischem Chaos. Trotzdem reizte das Unterfangen, ein Reich mit den Ausmaßen und Facetten Indiens in einem einzigen Bildband mit unzähligen Momentaufnahmen einzufangen. Greifbar zu machen, was für Touristen unbegreifbar scheint – und ohne je selbst im Land der Sehnsucht gewesen zu sein.

Melanie Rottmann

Die Texterin

உள்ளடக்க வடிவமைப்பாளர்

2005 reiste ich zum ersten Mal nach Indien. Seitdem lässt mich dieses Land nicht mehr los.
Die Gastfreundschaft der Menschen und das Rückgrat der Frauen haben mich besonders beeindruckt genauso wie das Lachen der Kinder und die strahlenden Augen trotz der oft bitteren Armut. Dieses Land lehrt mich, Reichtum anders zu definieren.

Ich bin Vorstandsmitglied des 2008 gegründeten Vereins „Zukunft für Menschen in Südindien e.V.", in dem mein Mann und ich aktiv Hilfe zur Selbsthilfe für arme und schwache, in der Gesellschaft am Rande stehende Menschen leisten. Motivation für dieses Engagement ist insbesondere der Ausspruch Mutter Teresas: „Die Arbeit, die wir tun, ist nur ein Tropfen im Ozean. Aber gäbe es diesen Tropfen nicht, würde er im Ozean fehlen."

Ulrike Albert

Der Photograph

புகைப்படக்கலைஞர்

Seit etlichen Jahren drücke ich den Auslöser, um mit der Kamera interessante Eindrücke einzufangen. Für mich gilt es, Situationen und Augenblicke im Foto festzuhalten.
Mein erster Besuch in Tamil Nadu hat mich in eine neue Welt von Farben und Eindrücken eintauchen lassen. Das Land in seiner Vielfalt übt eine große Faszination auf mich aus. Mit meinen Fotos versuche ich die alltägliche Situation der Menschen wiederzugeben, aber auch ihre besondere Ausstrahlung und Exotik zum Ausdruck zu bringen.
Bei meinen Reisen hatte ich immer meine digitale Spiegelreflexkamera Sony Alpha 900/99 mit einem Zoomobjektiv im Gepäck.

Gerhard Albert